Offerte

_____

de la part de

_____

Date

_____

La **Bible** des BOUTS D'CHOU

La **Bible** des BOUTS D'CHOU

V. Gilbert Beers

Illustrée par
Carole Boerke

Edition française, © C.L.C. Editions, 2005
"La Colline", F-26160 La Bégude de Mazenc
Traduction et adaptation : Jean-Daniel Linsig
Mise en page : Florence Vincent
Imprimé en Thaïlande
ISBN : 2-7222-0096-1

Edition originale a paru en anglais sous le titre "The Toddlers Bible"
Copyright © 1992 by Educational Publishing Concepts, Wheaton, Illinois
Text © 1992 by V. Gilbert Beers
FaithKidz™ is an imprint of Cook Communications Ministries
4050 Lee Vance View
Colorado Springs, Colorado 80918

Sommaire

La création *Genèse 1:1 - 2:3* **12**

Dieu fait Adam et Eve *Genèse 2:4-25* **16**

Le jardin d'Eden *Genèse 3* **20**

Noé construit un grand bateau *Genèse 6:1 - 7:10*...**24**

Dieu envoie une inondation *Genèse 7:11 - 9:19*.....**28**

La Tour de Babel *Genèse 11:1-9* **32**

Isaac est né *Genèse 21:1-7* **36**

Esau et Jacob sont nés *Genèse 25:19-26* **40**

Esau vend son héritage *Genèse 25:27-34* **44**

Isaac préfère la paix *Genèse 26:12-33* **48**

Jacob ment à son père *Genèse 27 - 28:9* **52**

Le rêve de Jacob *Genèse 28:10-22* **56**

Jacob rencontre Rachel *Genèse 29:1-14a* **60**

Joseph vendu par ses frères *Genèse 37:12-36* **64**

Dieu aide Joseph *Genèse 41:1-45* **68**

Le secret de Joseph *Genèse 45:1-15* 72

Les esclaves hébreux *Exode 1* 76

Le bébé Moïse *Exode 2:1-10* 80

Le buisson brûlant *Exode 3:1 - 4:17* 84

Dix catastrophes *Exode 7:14 - 12:36* 88

Moïse conduit son peuple *Exode 12:37 - 13:16* 92

Le nuage et le feu *Exode 13:17-22* 96

Traverser la mer *Exode 14:1 - 15:21* 100

Dieu donne la nourriture *Exode 16* 104

Dieu donne des lois *Exode 20:1-21* 108

Le veau en or *Exode 32* 112

Donner à Dieu *Exode 35:1-29* 116

La tente de Dieu *Exode 35:30 - 38:31 ; 40* 120

Dieu donne de la viande *Nombres 11:31-35* 124

Dieu promet un nouveau pays *Nombres 13* 128

Les murs de Jéricho *Josué 6* 132

La petite armée de Gédéon *Juges 7* 136

Samson se bat contre un lion *Juges 14* 140

Ruth, une femme merveilleuse *Juges 14* **144**

Dieu appelle Samuel *1 Samuel 3:1-18* **148**

Un nouveau roi *1 Samuel 10:17-27* **152**

David se bat contre le géant *1 Samuel 17* **156**

L'ami de David *1 Samuel 18:1-4* **160**

David aide Mephiboschet *2 Samuel 9* **164**

Le cadeau du roi Salomon *1 Rois 3:1-15;*
  2 Chroniques 1:1-12 ....**168**

La maison de Dieu *1 Rois 5 - 7;*
  2 Chroniques 2:1 - 5:1 ....**172**

Les corbeaux nourrissent Elie *1 Rois 17:1-6* **176**

La nourriture pour chaque jour *1 Rois 17:7-16*..**180**

Qui est le vrai Dieu ? *1 Rois 18* **184**

Une chambre pour Elie *2 Rois 4:8-17* **188**

Un coffre dans la maison de Dieu *2 Rois 12:1-16;*
  2 Chroniques 24:1-16 ....**192**

Néhémie reconstruit les murailles
  Néhémie 2:17 - 7:3 ....**196**

La reine Esther *Livre d'Esther* **200**

L'histoire de Job *Livre de Job* **204**

La nourriture du roi *Daniel 1* 208

Daniel et les lions *Daniel 6* 212

Jonas et le grand poisson *Jonas 1 - 4* 216

Une Bonne Nouvelle *Luc 1:26-38*..........................220

L'enfant Jésus *Luc 2:1-7* 224

Les bergers visitent Jésus *Luc 2:8-20* 228

Les mages visitent Jésus *Matthieu 2:1-12* 232

Il faut partir en Egypte *Matthieu 2:13-18* 236

Jésus grandit *Luc 2:39-40* 240

Jésus et les scribes *Luc 2:41-52* 244

Jean prêche dans le désert *Matthieu 3:1-12;*
  Marc 1:1-8 ; Luc 3:1-18 ; Jean 1:19-34 248

Jean baptise Jésus *Matthieu 3:13-17;*
  Marc 1:9-11 ; Luc 3:21-22 252

Jésus est tenté *Matthieu 4:1-11;*
  Marc 1:12-13 ; Luc 4:1-13 256

Nicodème rencontre Jésus *Jean 3:1-21* 260

La femme du puits *Jean 4:4-42* 264

Jésus va à la pêche *Luc 5:1-11* 268

Suivez-moi *Matthieu 4:18-22 ; Marc 1:16-20* **272**

A travers le toit *Matthieu 9:1-8;
   Marc 2:1-12 ; Luc 5:17-26* **276**

Jésus appelle Matthieu *Matthieu 9:9; Marc 2:13-14;
   Luc 5:27-28* **280**

Jésus envoie douze disciples *Marc 3:13-19;
   Luc 6:12-16* **284**

Le sermon sur la montagne *Matthieu 5 - 7;
   Luc 6:17-49* **288**

Le fils de la veuve *Luc 7:11-17* **292**

Les belles histoires de Jésus *Matthieu 13:1-3a;
   Marc 4:1-2; Luc 8:4* **296**

Jésus calme la tempête *Matthieu 8:23-27;
   Marc 4:35-41; Luc 8:22-25* **300**

La fille de Jaïrus *Matthieu 9:18-26;
   Marc 2:22-43; Luc 8:41-56* **304**

5000 personnes au repas *Matthieu 14:13-21;
   Marc 6:30-44; Luc 9:10-17; Jean 6:1-15* **308**

Jésus marche sur l'eau *Matthieu 14:22-33;
   Marc 6:45-52; Jean 6:16-21* **312**

Jésus le Bon Berger *Jean 10:1-21* **316**

Marthe et Marie *Luc 10:38-42* **320**

La brebie perdue *Matthieu 18:10-14; Luc 15:1-7*......**324**

Le jeune homme a quitté la maison
Luc 15:11-32 328

Lazare est vivant ! *Jean 11:1-44* 332

Dix hommes très malades *Luc 17:11-19* 336

Jésus aimes les enfants *Matthieu 19:13-15;*
Marc 10:13-16; Luc 18:15-17 340

Bartimée l'aveugle *Matthieu 20:29-34;*
Marc 10:46-52; Luc 18:35-43 344

Zachée *Luc 19:1-10* 348

L'entrée à Jérusalem *Matthieu 21:1-11;*
Marc 11:1-11; Luc 19:28-44;
Jean 12:12-19 352

La petite pièce de la veuve *Marc 12:41-44;*
Luc 21:1-4 356

Le dernier repas de Jésus *Matthieu 26:20-30;*
Marc 14:17-26; Luc 14-30;
Jean 13:1-30 360

Jésus prie dans le jardin *Matthieu 26:36-46;*
Marc 14:32-42; Luc 22:39-46; Jean 18:1 ...364

Jésus meurt sur la croix *Matthieu 27:31-56;*
Marc 15:20-41; Luc 23:32-49;
Jean 19:18-30 368

Jésus est ressuscité *Matthieu 28:1-10;*
Marc 16:1-8; Luc 24:1-12 372

Jésus retourne au ciel *Marc 16:19-20;
    Luc 24:50-53; Actes 1:9-11* 376

Pentecôte *Actes 2:1-41* 380

Un éthiopien entend parler de Jésus
    Actes 8:26-40 384

Saul rencontre Jésus *Actes 9:1-9* 388

Barnabas, l'ami de Saul *Actes 9:26-31* 392

Dorcas est vivante *Actes 9:36-43* 396

Chanter en prison *Actes 16:16-40* 400

Paul et le roi *Actes 25:13 - 26:32* 404

Le naufrage *Actes 27:9-44* 408

Un jeune homme nommé Timothée *2 Timothée 1:5;
    Actes 16:1-5* 412

Pour les parents et les

La petite enfance est l'âge des merveilleux commencements. Votre enfant entre par la grande porte dans l'aventure du monde des mots et du visuel. Il apprend à parler, elle apprend à marcher, et ils apprennent à aimer Dieu ou à l'ignorer. Toute une vie de conaissance et d'amour de Dieu se forme à cet âge tendre. Une vie entière de lecture de la Bible, d'étude de la Bible, et d'imprégnation de la Bible débute ici. L'absence ou la présence de ce premier contact avec Dieu a des conséquences éternelles.

Avant tout autre, le but de la *Bible des Bouts d'chou* est de rendre votre enfant fou amoureux de la Parole de Dieu. La *Bible des Bouts d'chou* ne contient pas toute la Bible, car votre enfant n'est pas en âge de comprendre toute la Bible. Cela viendra plus tard. Mais votre enfant peut, dès aujourd'hui se délecter de la Parole, avoir faim de l'apprendre, se passionner dans sa lecture. C'est à cet âge que cette délectation, cette faim, cette passion peuvent voir le jour. Plus âgé, ce sera trop tard.

Les dessins, les mots, de la *Bible des Bouts d'chou* sont à portée de votre enfant. Les concepts sont développés de manière à ce qu'il puisse les intégrer. Ils ont été expérimentés, peaufinés par presque 40 ans de mise en pratique qui ont conduit mes enfants et mes petits-enfants dans cette délectation dans la Parole. Croyez-moi cela marche vraiment !

enseignants de la Bible

La *Bible des Bouts d'chou* traverse les grandes histoires et les aventures de la Bible, pas après pas. Il n'est pas question de faire des pas de géant, des petits pas suffisent. Si la *Bible des Bouts d'chou* parle avec douceur et de façon simple, elle reste cependant fidèle aux enseignements de la Parole de Dieu.
Puisque votre enfant ne sait pas encore lire, il ou elle va dépendre de vous. Cette relation est unique, pour l'enfant, mais aussi pour vous. De part de d'autre c'est l'une des expériences les plus enrichissantes d'une vie.

Commencez dès aujourd'hui l'un des voyages les plus mémorables que vous aurez jamais faits : un voyage au fil de la Parole avec votre enfant et avec votre Dieu. Vous ne regretterez jamais de l'avoir entrepris.

V. Gilbert Beers

La création

Oh regarde comme ce ciel est beau !
As-tu vu la lune ?
As-tu vu les étoiles ?

Tout au début il n'y avait rien.
Le ciel était tout noir. Il était vide.

Alors Dieu parle. Des choses extraordinaires arrivent. Notre monde merveilleux apparaît. Le soleil brille.

Les oiseaux chantent. Partout il y a des animaux. Seul Dieu peut faire tant de belles choses.

Dieu fait Adam et Eve

Alors Dieu dit : «Il faut quelqu'un qui va s'occuper du monde que j'ai fait.»

Alors Dieu fait un homme. Il appelle cet homme Adam.

Ensuite Dieu fait une femme. Elle s'appelle Eve. Adam et Eve s'occupent du monde fait par Dieu.

C'est aussi Dieu qui t'a fait et qui m'a fait. C'est vraiment un Dieu extraordinaire !

Le jardin d'Eden

Eden était le nom d'un jardin magnifique. Dieu l'a fait pour qu'Adam et Eve y vivent et soient heureux.

«Vous pouvez manger tout ce qui se trouvent dans le jardin» dit Dieu, «sauf CES fruits sur CET arbre!»

Mais le diable leur dit : «Ce sont les meilleurs fruits !» Alors Adam et Eve mangent quand même de ces fruits.

Adam et Eve sont maintenant tout tristes. Ils ont désobéi à Dieu, alors ils doivent quitter le jardin d'Eden.

Noé construit un grand bateau

Dieu dit à Noé : «Construit un grand bateau !» Noé aime Dieu. Il décide de lui obéir.

Regarde ce gros bateau construit par Noé !
Il est plus grand que trois maisons.

Dieu dit : «Fais monter des animaux dans le bateau!» Alors Noé fait entrer plein d'animaux dans le navire.

Noé et sa famille entrent aussi dans le bateau.
C'est ce que Dieu leur a dit de faire.

Dieu envoie une inondation

Un jour la pluie commence à tomber.
Il pleut, il pleut, il pleut encore.

La hauteur de l'eau dépasse les arbres.
Puis elle est plus haute que les
montagnes.

Mais Dieu prend soin de Noé et de sa famille. Ils sont en sécurité dans le grand bateau.

«Merci Dieu de nous avoir sauvé» dit Noé.
Il est bien content d'avoir obéi à Dieu.

La Tour de Babel

Un jour les hommes décident de construire une tour très haute. C'est parce qu'ils se croient très important.

Ces hommes sont très orgueilleux.
Mais Dieu n'aime pas du tout cela.

Dieu leur fait parler des langues différentes. Alors ils arrêtent la construction et partent chacun de leur côté

Maintenant ils ne sont plus aussi fiers.
Ils ont besoin de Dieu.

Isaac est né

Abraham n'a pas d'enfant.
Il est toujours triste quand il voit ceux des autres.

Mais il est trop vieux : il a 100 ans.
Et sa femme Sara, elle aussi est trop
âgée pour avoir un bébé.

Dieu leur dit : «Je vais vous donner un fils !» Chut ! Ecoute ! Tu entends leur bébé qui pleure ?

Abraham et Sara appellent leur bébé Isaac.
«Merci Dieu» dit Abraham.

Esaü et Jacob sont nés

Isaac et Rebecca prient Dieu : «S'il te plait, donne-nous un fils !»

Dieu entend leurs prières. Il leur donne DEUX fils.
C'étaient des JUMEAUX !

Esaü allait devenir un grand chasseur. Mais Dieu avait choisi Jacob pour quelque chose de spécial.

La famille de Jacob sera appelée
«Israélites». La Bible nous raconte
l'histoire de cette famille.

Esaü vend son héritage

Un jour Esaü est en train de chasser. Son frère Jacob est resté à la maison pour y travailler.

Jacob a préparé une bonne soupe.
Quand Esaü revient à la maison, il a
très faim.

«Donne-moi de la soupe» dit Esaü.
«Donne-moi ton héritage» dit Jacob.

Alors Esaü échange son héritage et le droit de diriger toute la famille, contre un bol de soupe.

Isaac préfère la paix

Dieu donne à Isaac beaucoup de richesses. Mais le peuple voisin, les Philistins, est jaloux.

Les Philistins remplissent les puits d'Isaac avec de la terre. Même s'il ne peut plus puiser de l'eau, Isaac refuse de faire la guerre.

Isaac préfére partir et creuser des nou-
veaux puits ailleurs, plutôt que de fai:
la guerre pour défendre ses puits.

Dieu aime qu'Isaac agisse ainsi. Il dit :
« Je vais te donner plein de bonnes
choses en plus ! »

Jacob ment à son père

Esaü et Jacob sont les fils jumeaux d'Isaac. Mais c'est Esaü l'aîné, il est né quelques minutes avant son frère.

Comme il est l'aîné, c'est Esaü qui dirigera la famille quand son père Isaac sera mort.

Mais Jacob se déguise et fait croire à son père qu'il est Esaü. Isaac, qui est aveugle, donne sa bénédiction à Jacob

A cause de cela, c'est Jacob qui dirigera la famille à la place d'Esaü.

Le rêve de Jacob

Jacob part faire un long voyage, loin, très loin de sa maison et de ses parents.

Jacob est fatigué. Il s'endort
et cette nuit là il fait un rêve.

Dans ce rêve, des anges montent et descendent un escalier.
Alors Dieu parle à Jacob.

Dieu lui dit : «Je te donnerai plein de bonnes choses.» Jacob lui répond : «Tu seras mon Dieu et je te servirai.»

Jacob rencontre Rachel

Regarde ! Tu vois cette jolie jeune fille ? C'est Rachel qui s'occupe du troupeau de moutons de sa famille.

Jacob a aussi vu Rachel. Il voudrait bien lui parler. Crois-tu qu'il aura le courage de le faire ?

Eh bien oui ! Jacob décide de donner à boire aux moutons de Rachel.

Plus tard Jacob et Rachel
vont se marier.

Joseph vendu par ses frères

Oh non ! Personne ne vendrais son frère comme esclave. Pourtant les frères de Joseph l'ont fait.

Ils sont jaloux et détestent Joseph.
Certains frères veulent mêmes le tuer.

Des marchands qui passent
sont d'accord pour l'acheter
et en faire un esclave.

Alors les frères de Joseph le vendent.
Ce sont vraiment des frères
très méchants.

Dieu aide Joseph

Pauvre Joseph, il est en prison.
C'est parce qu'on a dit du mal de lui.
Joseph est très triste.

Une nuit, le roi d'Egypte fait un rêve.
Il crie : «Je veux qu'on m'explique le rêve.» Personne ne peut le faire.

Mais Dieu explique le rêve à Joseph,
qui l'explique au roi.
Le roi est très content.

Le roi dit : «Tu es un homme sage,
tu gouverneras mon peuple».

Le secret de Joseph

Il y a une grande famine.
Les frères de Joseph viennent
acheter du blé en Egypte.

Ils s'agenouillent devant le gouverneur qui s'occupe de le vendre.

Ils ne savent pas que ce gouverneur est leur frère Joseph.
C'est le secret de Joseph.

Quand Joseph leur dit son secret, ils ont très peur. Mais Joseph leur pardonne et ils sont très heureux.

Les esclaves hébreux

Travailler, travailler toute la journée,
c'est ce que font les pauvres esclaves

Le roi fait travailler ses esclaves
pour construire une ville.
Il ne reçoivent aucun salaire.

Mais Dieu a donné aux esclaves hébreux de nombreux et beaux enfants.

Et le méchant roi n'aime pas du tout cela. Il a peur, alors il décide de faire tuer tous les garçons.

Le bébé Moïse

Chut ! Pas de bruit !
Bébé Moïse dort dans son panier.
Surtout ne le réveillez pas !

Sa maman l'a caché là,
car les soldats du roi
veulent tuer tous les bébés.

Regarde, une princesse a trouvé
le berceau du bébé Moïse.
Elle va s'occuper de lui.

Il est sauvé, plus personne
ne lui fera du mal.
Merci Dieu.

Le buissont brûlant

Moïse était en train de prier Dieu :
« Libère mon peuple ! »
Son peuple est esclave.

Soudain Moïse voit un buisson.
Ce buisson est plein de flammes,
et il ne s'arrête pas de brûler.

Dieu parle à Moïse. Sa voix vient de l'intérieur du buisson qui brûle.

Dieu lui dit : « Tu guideras ton peuple hors d'Egypte. Je t'aiderai. »

Dix catastrophes

Moïse dit au roi d'Egypte : «Laisse mon peuple partir. Il ne doit plus être esclave !» «Jamais !» répond le roi.

Alors il arrive plein de catastrophes dans le pays. C'est Dieu qui les envoient.

Mais le roi continue à dire NON !
Et Dieu continue à envoyer des
catastrophes pour punir le roi.

A la fin le roi dit OUI. Il a compris que Dieu est plus fort que ses dieux à lui.

Moïse conduit son peuple

Le roi d'Egypte voudrait bien que
le peuple de Moïse continue
à construire ses villes.

Mais Moïse et son peuple s'en vont loin dans le désert. Moïse est conduit par Dieu et il va diriger son peuple.

Maintenant le peuple n'est plus esclave. Il est libre et heureux.

«Merci mon Dieu» dit Moïse.
«Merci mon Dieu» dit le peuple.

Le nuage et le feu

Moïse conduit son peuple vers un nouveau pays, très loin de celui où ils étaient esclaves.

Mais Moïse n'y est jamais allé.
Alors comment faire pour trouver
son chemin ?

Regarde : c'est un immense nuage.
Quand il fait jour, Dieu montre le
chemin à Moïse par ce nuage.

Et quand il fait nuit, Dieu montre la direction par un nuage plein de lumière. C'est comme un grand feu.

Traverser la mer

«Nous ne pouvons pas aller plus loin» dit le peuple. Il y a une mer immense devant nous.

«Comment allons-nous traverser, il n'y a pas de bateaux ?» «Dieu va nous aider» répond Moïse.

Alors Dieu envoie un grand vent qui souffle sur la mer. Les eaux se séparent en deux à cause du vent.

Il y a maintenant un chemin sec
et le peuple peut traverser la mer.

Dieu donne la nourriture

«Nous avons faim» dit le peuple. Il n'y a plus de nourriture. Que vont-ils manger ?

«Dieu va vous donner de la nourriture» dit Moïse au peuple. «Comme cela vous aurez de quoi manger!»

Dieu leur donne de la manne à manger. La manne c'est un peu comme les céréales du petit-déjeuner.

Dieu donne au peuple autant de nourriture qu'il en a besoin. Maintenant il n'a plus faim.

Dieu donne des lois

Un jour Moïse monte au sommet d'une montagne.
Là-haut, Dieu parle avec lui.

«Je te donne des lois» dit Dieu : «Ce sont des bonnes lois, et le peuple doit y obéir».

Dieu écrit les lois sur des grosses pierres, et Moïse apprend les lois de Dieu au peuple.

Le peuple obéit aux lois de Dieu. Cela les rend très heureux car Dieu les bénit.

Le veau en or

Un jour Moïse remonte sur la montagne, car Dieu veut lui parler.

Des personnes décident de fabriquer une statue en or. « Cette statue sera notre dieu » disent-ils.

Moïse est très en colère. Il casse la statue et dit au peuple : «Vous devez suivre Dieu, pas une statue».

Les gens du peuple écoutent Moïse et décident d'obéir à Dieu. Dieu les bénit.

Donner à Dieu

« Dieu veut que nous lui fabriquions une tente » dit Moïse. Elle doit être magnifique.

Alors le peuple vient apporter plein de belles choses en cadeau pour construire la tente de Dieu.

Le peuple est si heureux de faire des cadeaux à Dieu, qu'il apporte plus de choses que Moïse n'a besoin.

«Assez de cadeaux» dit Moïse.
«Nous avons tout ce qu'il faut pour construire la tente de Dieu.»

La tente de Dieu

Regarde cette tente. Elle est magnifique ! C'est la tente où l'on rencontre Dieu. On l'appelle le « tabernacle ».

C'est Moïse et son peuple qui l'ont construite. Ils ont utilisé les cadeaux apportés par le peuple.

A l'intérieur de la tente il y a des objets en or.

Dieu parle avec Moïse dans le tabernacle. Il explique à Moïse ce qu'il faut faire pour lui être agréable.

Dieu donne de la viande

Le peuple réclame de la viande. Il en assez de manger de la manne tous les jours.

Mais, dans le désert, il n'y a pas de magasins, pas de boucheries.
Où trouver de la viande ?

Un jour Dieu envoie des cailles. Il y en a tellement que le peuple peut les attraper.

C'est un peu comme du poulet. On peut les manger. Dieu s'est vraiment occupé de son peuple.

Dieu promet un nouveau pays

«Allez dans ce pays» dit Dieu.
«Je vous le donne, il est pour vous.»

«Nous avons bien trop peur!» dit le peuple. C'est un pays où habitent des géants.

« Si Dieu nous donne ce pays, nous gagnerons. Il ne faut pas avoir peur ! » répondent quelques hommes courageu

Mais le peuple refuse d'y aller. Alors ils doivent rester dans le désert pendant 40 années. Comme c'est triste.

Les murs de Jéricho

Regardez ces gros murs. Ils sont trop haut ! Comment Josué va-t-il conquér cette ville ?

Dieu lui dit : « Fais le tour de la ville en chantant des cantiques ! » Josué obéit à Dieu.

Pendant sept jours Josué et ses soldats tournent autour de la ville. Les gens de la ville se moquent d'eux.

Mais le dernier jour les murs de la ville s'écroulent, les soldats entrent dans la ville sans aucune difficulté.

La petite armée de Gédéon

L'armée de Gédeon est toute petite.
Ses ennemis, eux ont une armée
immense. Mais Dieu va aider Gédéon

Une nuit Dieu leur dit : « Allumez des torches et cachez-les dans des cruches. Après allez tous près du camp de vos ennemis ! »

Gédéon et son armée obéissent.
«Cassez les cruches!» dit Dieu. C'est une grosse surprise pour les ennemis.

Soudain, ils voient les lumières, entendent les cris des soldats. Croyant l'armée de Gédéon immense, ils s'enfuient.

Samson se bat contre un lion

Samson est l'un des hommes les plus fort au monde. C'est Dieu qui lui a donné cette force.

Un jour un lion saute sur Samson.
Que va-t-il faire ?

Alors Dieu donne encore plus de force à Samson.

Samson attrape le lion, le force à garder la gueule fermée, et le tue avec ses mains nues. C'est extraordinaire.

Ruth, une femme merveilleuse

Ruth et Naomi vivent ensemble.
Un jour, Naomi décide de retourner e
Israël, le pays où elle est née.

« Je viens avec toi » dit Ruth.
« Non, reste avec ton peuple » répond Naomi.

Mais Ruth aime Naomi, et elle abandonne son peuple pour la suivre en Israël.

Naomi est trop vieille pour travailler.
C'est donc Ruth qui prend soin d'elle.
Elle travaille dans les champs.

Dieu appelle Samuel

Tu vois ce coffre en or ? Il se trouve dans le tabernacle, la maison où l'on peut rencontrer Dieu.

Samuel, un jeune garçon, habite dans cette maison. C'est aussi là qu'il dort.

Une nuit Dieu parle à Samuel. Samuel aime Dieu et l'écoute avec attention.

Dieu a dit des choses importantes à Samuel. Il faut toujours écouter quand Dieu nous parle.

Un nouveau roi

Le peuple d'Israël n'a pas de roi.
Dieu parle à Samuel et Samuel dit
les paroles de Dieu au peuple.

Mais le peuple veut un roi.
Ils veulent être comme les autres peuples.

« Si vous avez un roi vous devrez payer des impôts, vous devrez travailler dur pour lui » dit Samuel.

«Nous voulons quand même un roi» répond le peuple. Alors Dieu aide Samuel à choisir le roi d'Israël.

David se bat contre le géant

Regarde ce géant ! Il s'appelle Goliath et David va se battre contre lui.

Comment David pourra-t-il gagner. Il n'a qu'une fronde alors que Goliath a une épée, une lance et un bouclier.

Mais David demande à Dieu de l'aider. Goliath lui ne se soucie pas de Dieu.

David envoie une pierre avec sa fronde, et tue le géant.
Dieu l'a aidé à gagner le combat.

L'ami de David

Ce jeune homme avec son arc et ses flèches est le fils du roi Saül :
C'est le prince Jonathan.

Jonathan est l'ami de David. Il a vu que Dieu a aidé David à tuer le géant.

Le prince Jonathan donne plein de cadeaux à David. Il veut être son meilleur ami.

Ainsi David et Jonathan sont restés amis toute leur vie. Jonathan va même sauver David de la mort.

David aime Méphiboschet

Méphiboschet est le fils de Jonathan, l'ami de David. Il est boîteux, il marche avec une canne.

David est devenu roi à la place de
Saül. Le roi David veut faire du bien
au fils de son ami.

David offre plein de cadeaux à Méphiboschet et l'invite à vivre dans son palais avec lui.

Méphiboschet est heureux de vivre dans le palais du roi, et il remercie le roi David très fort.

Le cadeau du roi Salomon

Une nuit Dieu dit au roi Salomon dar un rêve : «Je te donnerai tout ce que tu demanderas.»

Salomon pouvait demander ce qu'il voulait : beaucoup d'argent ou d'être très célèbre.

Mais Salomon dit : « Donne-moi la sagesse et aide moi à être un bon roi pour mon peuple ».

Dieu lui dit : « Je vais te donner ce que tu demandes, et en plus tu seras riche et célèbre »

La maison de Dieu

«Qu'est-ce que tu construis?» demande un jeune garçon. «Nous construisons la maison de Dieu» lui répond l'ouvrier.

Salomon veut construire une maison pour Dieu, la plus belle possible. Il y a des milliers d'ouvriers qui travaillent.

Quand la maison est finie, le roi invit[e]
tout le monde : «Venez, entrez dans l[a]
maison de Dieu.»

Alors les gens viennent de toutes les villes du pays. Le roi Salomon prie, le peuple chante. Tout le monde est heureux.

Les corbeaux nourrissent Elie

« Il n'y a plus d'eau, c'est terrible, » dit le peuple. Il n'y a pas eu de pluie depuis longtemps.

Sans eau les plantes ne poussent pas, il n'y a pas de récoltes et les gens n'ont rien à manger.

Elie a besoin de manger. Dieu prend soin de son serviteur Elie, et chaque jour, Il envoie des corbeaux.

Ces corbeaux apportent de la nourriture à Elie. « Merci mon Dieu ! » dit Elie. Dieu prend soin de son serviteur.

La nourriture pour chaque jour

« Fais-moi cuire du pain » dit Elie.
« Mais il ne me reste plus qu'un peu de farine » lui dit la pauvre femme.

« Dieu va te donner de la farine » lui répond Elie. La femme lui fait confiance et elle fait cuire du pain pour Elie.

La plupart des gens n'ont plus de pain.
Mais cette femme trouve chaque jour
assez de farine pour faire du pain.

Elle est très reconnaissante : « Dieu t'a envoyé pour nous aider » dit-elle à Elie.

Qui est le vrai Dieu ?

« Baal est le vrai Dieu ! » crient beaucou[p] de gens. Ces personnes refusent de croi[re] en Dieu. Ils adorent la statue de Baal.

Le peuple est divisé entre ceux qui croient que Baal est Dieu, et ceux qui croient que le Dieu d'Israël est le vrai Dieu.

Elie est le serviteur de Dieu. Il dit au peuple : « Le vrai Dieu va envoyer du feu depuis le ciel ! »

La statue de Baal ne peut rien faire.
Mais Dieu envoie son feu du ciel, et
tout le peuple sait qui est le vrai Dieu.

Une chambre pour Elisée

Un homme et une femme disent à Elisée : « Viens manger chez nous quand tu passeras dans notre ville »

Elisée vient régulièrement les visiter.
Un jour ces gens lui font une belle
surprise.

«Regarde, cette jolie chambre que nous avons préparée pour toi» dit la femme.

«Merci beaucoup» dit Elisée. «Je suis très heureuse d'accueillir un serviteur de Dieu dans ma maison» dit la femme.

Un coffre dans la maison de Dieu

« Regardez la maison de Dieu ! » dit le roi Josias. Il y a beaucoup de réparations à faire.

Mais il faut beaucoup d'argent pour réparer la maison de Dieu. Il faut payer les ouvriers qui vont le faire.

Les prêtres placent un énorme coffre dans la maison de Dieu. Ils font un trou dans le coffre.

Quand les gens viennent dans la maison de Dieu, ils mettent de l'argent dans le coffre pour payer les travaux.

Néhémie reconstruit les murailles

Regarde ces grosses piles de pierres.
Autrefois c'étaient des murs
splendides.

Néhémie veut reconstruire ces murs. Il demande aux hommes de la ville de l'aider.

Mais ses ennemis ne veulent pas. Ils veulent forcer Néhémie à arrêter. Mais Néhémie continue sans se décourager.

Et bientôt les murailles sont reconstruites.
« Merci mon Dieu, » dit Néhémie.

La reine Esther

«Comme elle est belle !» chuchote le peuple. La reine Esther est la plus belle femme de tout le pays.

Haman est un homme très méchant. Il veut tuer tous les habitants juifs du pays. Mais il ne sait pas que la reine est juive.

La reine Esther explique alors au roi ce que Haman veut faire. Le roi est très en colère et punit le méchant homme.

La reine Esther est heureuse. Elle a sauvé son peuple. Elle remercie Dieu de lui avoir donné le courage de parler au roi.

L'histoire de Job

Un homme arrive en courant chez Job
«Tes enfants et ton bétail sont morts»
dit-il

Job recouvre sa tête de cendres pour montrer sa tristesse. Que va-t-il faire ?

Job est-il fâché contre Dieu ? Non. « Dieu m'a donné tout ce que j'ai » di Job. « Je continue à aimer Dieu. »

Alors Dieu récompense Job et lui donne d'autres enfants et encore plus de bétail qu'avant.

La nourriture du roi

Daniel et ses amis sont prisonniers dans un pays loin de chez eux. Ils doivent servir le roi.

«Vous allez apprendre» dit le chef des serviteurs. «Vous devez manger la viande que le roi mange.»

Mais cette viande est offerte aux idoles du roi. Daniel et ses amis ne veulent pas en manger.

Daniel et ses amis demandent à manger seulement des légumes. Et ils sont en meilleure santé que les autres serviteurs.

Daniel et les lions

Daniel aime Dieu. Il prie Dieu chaqu jour. Dieu aime aussi Daniel.

Des hommes méchants sont jaloux de Daniel. Il persuadent le roi d'interdire aux gens de prier.

Mais Daniel ne veut pas arrêter de prier. Pour le punir, le roi le jette dan une cage pleine de lions.

Mais Dieu ferme la bouche des lions et Il ne permet pas qu'ils fassent du mal à Daniel. Daniel dit merci à Dieu.

Jonas et le grand poisson

Dieu dit à Jonas : «Va à Ninive !» Mais Jonas ne veut pas obéir. Il monte sur un bateau et part très loin.

Dieu sait que Jonas est sur ce bateau.
Il envoie une grande tempête.

Les marins ont peur. Ils jettent Jonas dans la mer. Un grand poisson l'avale

Dieu ordonne au poisson de ramener Jonas sur le rivage. Maintenant Jonas est décidé à obéir à Dieu.

Une Bonne Nouvelle

As-tu déjà vu un ange ? Marie oui ! U[n] ange lui parle et lui annonce une bonne nouvelle.

«Tu vas avoir un bébé,» lui dit l'ange.
«Il sera le Fils de Dieu et tu
l'appelleras Jésus.»

Marie répond : «Je suis la servante du Seigneur. Qu'il me soit fait selon ta parole.»

Puis l'ange s'en va. Marie est heureuse et elle loue Dieu en chantant un cantique.

L'enfant Jésus

Chut ! Tu vois le bébé qui dort ?
C'est l'enfant Jésus.

Chut ! Tu vois les animaux ?
Le bébé dort dans leur mangeoire.

Chut ! Les habitants de Bethléhem dorment encore. Ils ne savent pas que le Fils de Dieu vient de naître.

Chut ! C'est le moment de dire merci à Dieu : «Merci mon Dieu d'avoir envoyé l'enfant Jésus.»

Les bergers visitent Jésus

«Oh regarde ! Il y a un ange dans le ciel !» s'écrie un des bergers.

L'ange parle aux bergers et leur dit :
« J'ai une bonne nouvelle pour vous.
Le Fils de Dieu est né à Bethléhem ! »

Alors le ciel se remplit d'anges. Tous ensemble chantent et louent Dieu pour ce grand cadeau.

Les bergers courent à Bethléhem pour voir l'enfant Jésus. Est-ce que tu aurais aimé les accompagner ?

Les mages visitent Jésus

«Nous devons suivre l'étoile» dit l'ur
des mages. Un mage c'est un savant.
«Allons-y» répondent les autres.

Les mages montent sur leurs chameaux
et quittent leur maison. C'est un très long
voyage pour aller jusqu'à Bethléhem.

Ils suivent l'étoile jusqu'à la maison de Jésus. «Nous voilà arrivés, le roi e né ici» disent-ils.

Les mages donnent à Jésus des cadeaux de grande valeur. Ils sont heureux de faire des cadeaux au Fils de Dieu.

Il faut partir en Egypte

Hérode est le roi du pays. Il est très jaloux de Jésus car il a peur qu'il prenne sa place. Il veut tuer Jésus.

Il envoie ses soldats pour tuer l'enfant Jésus. Alors les soldats cherchent Jésus partout dans la ville de Bethléhem.

Mais un ange a prévenu Joseph et lui dit : «Pars en Egypte et prends avec t Marie et l'enfant Jésus!»

Ainsi l'enfant Jésus et ses parents se réfugient en Egypte. Dieu prend soin de lui là-bas.

Jésus grandit

Regarde ce grand garçon ! Il fabrique quelque chose en bois. C'est Jésus.

Il travaille dans l'atelier de Joseph.
Joseph est charpentier.
Aujourd'hui il fait une chaise.

Jésus grandit dans un village qui s'appelle Nazareth. Marie et Joseph prennent bien soin de lui.

Jésus est heureux d'avoir une famille qui l'aime et qui prend soin de lui.

Jésus et les scribes

Tu vois tous ces gens ? Ce sont des scribes : leur métier c'est d'apprendre aux gens les enseignements de Dieu.

Regarde, Jésus est en train de leur expliquer quelque chose. C'est étonnant car Jésus n'a que 12 ans.

«Comment ce jeune homme peut-il savoir tout cela sur Dieu?» se disent-ils. Mais toi tu sais pourquoi.

Marie et Joseph eux aussi savent pourquoi.
C'est parce que Jésus est le Fils de Dieu.
C'est normal qu'il connaisse son Père.

Jean prêche dans le désert

Cet homme ne ressemble pas à un prophète. Pourtant c'en est un. Son nom est Jean, et c'est le cousin de Jésus.

Jean ne prêche pas dans une église. Il prêche dans un désert.

De nombreuses personnes viennent po[ur] l'entendre. Elles écoutent attentivemen[t] ce que Jean dit au sujet de Dieu.

Certaines de ces personnes veulent obéir à Dieu. Alors Jean leur explique ce qu'il faut faire pour être agréable à Dieu.

Jean baptise Jésus

Certaines personnes décident de chang[er] dans leur coeur et de faire ce qui plaît à Dieu. Jean les baptise dans le Jourdain.

Les autres personnes sont là et regardent. Elles savent maintenant que ces gens ont décidé d'obéir à Dieu.

Un jour Jésus dit à Jean : «Baptise-moi ! Je veux montrer aux gens que je fais ce qui plaît à Dieu.»

Au moment où Jean baptise Jésus, les gens entendent la voix de Dieu : «C'est mon Fils. Je l'aime de tout mon coeur !»

Jésus est tenté

Regarde ! Jésus est là, seul, dans cet endroit désert depuis 40 jours. Il prie

Jésus jeûne depuis 40 jours. Il n'a rien mangé. Il a très faim.

Le diable vient pour tenter Jésus. Il veut que Jésus lui obéisse à lui à la place d'obéir à Dieu.

Mais Jésus refuse d'obéir au diable. «Je veux toujours obéir à Dieu» dit Jésus. Et toi, veux-tu aussi toujours obéir à Dieu?

Nicodème rencontre Jésus

L'homme qui est là-haut sur le toit avec Jésus, s'appelle Nicodème. Il enseigne aux gens les choses de Dieu

Nicodème sait beaucoup de choses sur Dieu. Mais il sait que Jésus en sait beaucoup plus que lui.

«Il faut que Dieu te donne une vie nouvelle!» lui dit Jésus. «C'est comme naître une deuxième fois.»

Nicodème écoute attentivement. Il a appris beaucoup de choses ce soir là.

La femme du puits

«Donne-moi à boire,» demande Jésus à la femme. Cette femme vient de puiser de l'eau du puits.

La femme pose beaucoup de questions à Jésus. Elle sait que Jésus n'est pas un homme ordinaire.

Jésus lui explique qu'il est le Messie.
Messie veut dire "envoyé par Dieu".

La femme est heureuse. Elle crie dans tout le village que le Messie est là.

Jésus va à la pêche

Simon Pierre est dans la barque avec Jésus. C'est un pêcheur. Jésus lui dit «Allons à la pêche.»

«Inutile, nous avons pêché toute la nuit dernière, et nous n'avons pris aucun poisson,» lui répond Pierre.

Jésus sourit et lui dit : «Jette les filets de ce côté de la barque et tu verras.»

Regarde tous ces gros poissons. Le filet est plein. Seul le Fils de Dieu peut faire un tel miracle.

Suivez-moi

Jésus appelle des disciples pour le suivre. Un disciple est quelqu'un qui accompagne Jésus et lui obéit.

Un jour, Jésus voit Pierre et son frère André en train de pêcher. Il leur dit : «Suivez-moi!»

Les deux hommes arrêtent de pêcher et suivent Jésus. Jacques et Jean, leur amis, font de même.

Jésus a maintenant quatre disciples qu'il va enseigner. Ces disciples vont l'aider à annoncer la Bonne Nouvelle.

A travers le toit

«Laissez-nous entrer !» crient ces hommes. «Nous voulons que Jésus guérisse notre ami !»

Regarde, la maison est remplie de monde. Impossible pour les quatre hommes d'entrer.

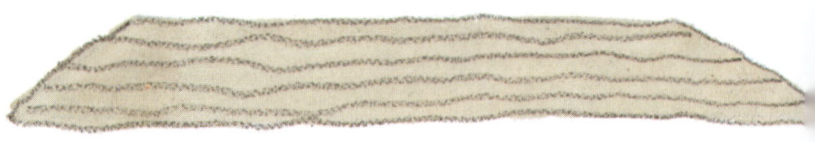

Alors les hommes montent sur le toit, font un trou et descendent leur ami, couché sur un lit, à travers le toit.

Jésus leur dit : «Je vais guérir votre ami.» «Merci Seigneur Jésus!» disent les quatre amis, remplis de joie.

Jésus appelle Matthieu

Personne n'aime Matthieu. C'est lui qui oblige les gens à payer les impôts qu'ont décidé les Romains.

Les Romains ont conquis le pays, et les gens les détestent car ils ont perdu leur liberté.

Mais Jésus appelle Matthieu à devenir son disciple, même si tout le monde le déteste. «Suis-moi!» lui dit-il.

Matthieu abandonne son travail et ses richesses. Il est heureux que Jésus l'ait lui aussi appelé à le suivre.

Jésus envoie douze disciples

Jésus rassemble ses disciples et dit :
« Je vais choisir douze d'entre vous ! »

Ce jour là, il y a beaucoup de disciples avec Jésus. Mais les douze sont choisis pour une mission spéciale.

Jésus décide de les envoyer deux par deux dans les villages de la région pour y annoncer la Bonne Nouvelle.

Quand ils reviennent ils sont tout joyeux. Beaucoup de gens les ont écoutés et ont décidé de suivre Jésus.

Le sermon sur la montagne

Regarde toutes ces personnes qui son rassemblées. Elles viennent écouter Jésus qui va leur parler.

Jésus est monté sur une colline.
Comme cela les gens l'entendront
mieux quand il parlera.

Jésus explique aux gens ce qu'il faut faire pour être son disciple. Les gens écoutent attentivement.

Jésus dit qu'il faut être comme lui est.
Il nous demande de faire comme lui
fait. Toi aussi tu peux être son disciple.

Le fils de la veuve

Pourquoi cette pauvre veuve pleure-t-elle ? Son fils est mort, et on va l'enterrer.

Mais voici que Jésus vient à sa rencontre. Sais-tu ce qu'Il va faire ?

«Ne pleure pas!» dit Jésus. Il touche le cercueil et dit au garçon: «Jeune homme lève-toi!»

Le jeune homme se lève. Il n'est plus mort. Jésus l'a ramené à la vie. Sa maman est remplie de joie.

Les belles histoires de Jésus

Tout le monde veut entendre Jésus. Il dit des choses merveilleuses et les gens aiment l'écouter.

«Eh ! Arrêtez de vous bousculer comme cela ! Vous allez finir par faire tomber Jésus dans le lac !»

Alors Jésus monte dans une barque et s'éloigne un peu du rivage. De là, il peut prêcher sans être bousculé.

Et toutes les personnes sur le rivage écoutent les merveilleuses histoires qui expliquent comment vivre pour Dieu.

Jésus calme la tempête

Regarde ces grosses vagues. La barque est secouée de toutes parts. Elle risque de couler.

Les disciples de Jésus sont dans la barque, et essayent de la diriger. Mais où est Jésus ?

Jésus dort à l'arrière de la barque.
«Réveille-toi Jésus ! Nous allons couler !» crient les disciples.

Jésus dit : «Silence, tais-toi !» Alors la tempête s'arrête. Même la mer et les vagues obéissent à Jésus. Et toi ?

La fille de Jaïrus

«Aide-moi, ma fille est très malade!» dit Jaïrus à Jésus. Jésus accompagne Jaïrus dans sa maison.

Dans la maison tout le monde pleure.
La fille de Jaïrus vient de mourir.

Jésus dit : «Lève-toi jeune fille !»
Sais tu ce qui va arriver ?

Regarde elle est debout. La jeune fille est vivante et guérie. Seul Jésus peut faire ce miracle.

5000 personnes au repas

Regarde tout ce monde. Il y a au moins 5000 hommes avec leurs femmes et leurs enfants.

Tous ces gens ont faim. Ils ont écouté Jésus toute la matinée et ont oublié de prendre avec eux de quoi manger.

Seul un jeune garçon a apporté cinq pains et deux poissons. «Donne-moi ton pique-nique» lui demande Jésus.

Sais-tu ce que Jésus a fait avec cela ? Il a nourri toutes les personnes qui étaient là. Seul Jésus peut faire un tel miracle.

Jésus marche sur l'eau

Les disciples sont dans leur barque. Il sont très inquiets car le vent souffle fort et ils n'arrivent plus à avance.

Ils crient : « Au secours ! » Mais qui peut les aider ? Jésus est resté sur le rivage.

Les disciples voient quelqu'un qui marche sur l'eau. C'est Jésus ! Il vien vers eux.

Jésus monte dans la barque, et aussitôt le vent se calme. Il est le Fils de Dieu et même le vent lui obéit.

Jésus le Bon Berger

Regarde ce berger avec ses moutons ?
Il aime ses moutons et prend bien soin
d'eux.

Jésus dit à ses amis : «Je suis le Bon Berger.» Oui Jésus est aussi notre Bon Berger.

Jésus nous aime, comme le berger aime ses moutons. Il prend soin de nous comme le fait un bon berger.

Merci Jésus de m'aimer comme un bon berger. Merci Jésus de prendre bien soin de moi.

Marthe et Marie

Marthe et Marie sont les amies de Jésus. Elles sont toutes heureuses car Jésus est venu leur rendre visite.

Marie pose plein de questions à Jésus.
Elle écoute ce que Jésus lui dit, et ne
s'occupe absolument pas de la cuisine.

Marthe est tellement occupée à prépar[er]
le repas qu'elle ne parle pas avec Jésu[s].
Elle dit : «Marie, aide-moi un peu».

Jésus sourit et lui dit : « Il est plus important de m'écouter parler de Dieu que de faire le repas ». Es-tu d'accord ?

La brebis perdue

Ce berger a 100 brebis. Il les aime autant l'une que l'autre. Il les nourrit et prend bien soin d'elles.

Un jour une brebis manque. Le berger n'en a plus que 99. Une brebis s'est égarée. Que va faire le berger ?

Comme le berger aime chaque brebis,
il la cherche jusqu'à ce qu'il la trouve.
Quand il l'a trouvée, il est très heureu[x]

Jésus dit : « Je vous aime, comme le berger aime la brebis égarée. Je suis heureux quand vous trouvez le chemin de Dieu. »

Le jeune homme a quitté la maison

«Donne-moi de l'argent» dit un jeune homme à son père : «Je vais quitter la maison pour aller faire ce qui me plaît.

Le père est triste, mais il lui donne l'argent. Le jeune homme quitte la maison et dépense tout son argent.

Tout seul le jeune homme a faim et décide de retourner à la maison. Mais le père va-t-il l'accueillir?

Oui regarde, il tend les bras et pardonne à son fils. Dieu aussi pardonne nos bêtises quand nous le lui demandons.

Lazare est vivant !

Marie et Marthe pleurent.
Leur frère Lazare est mort,
et elles sont toutes tristes.

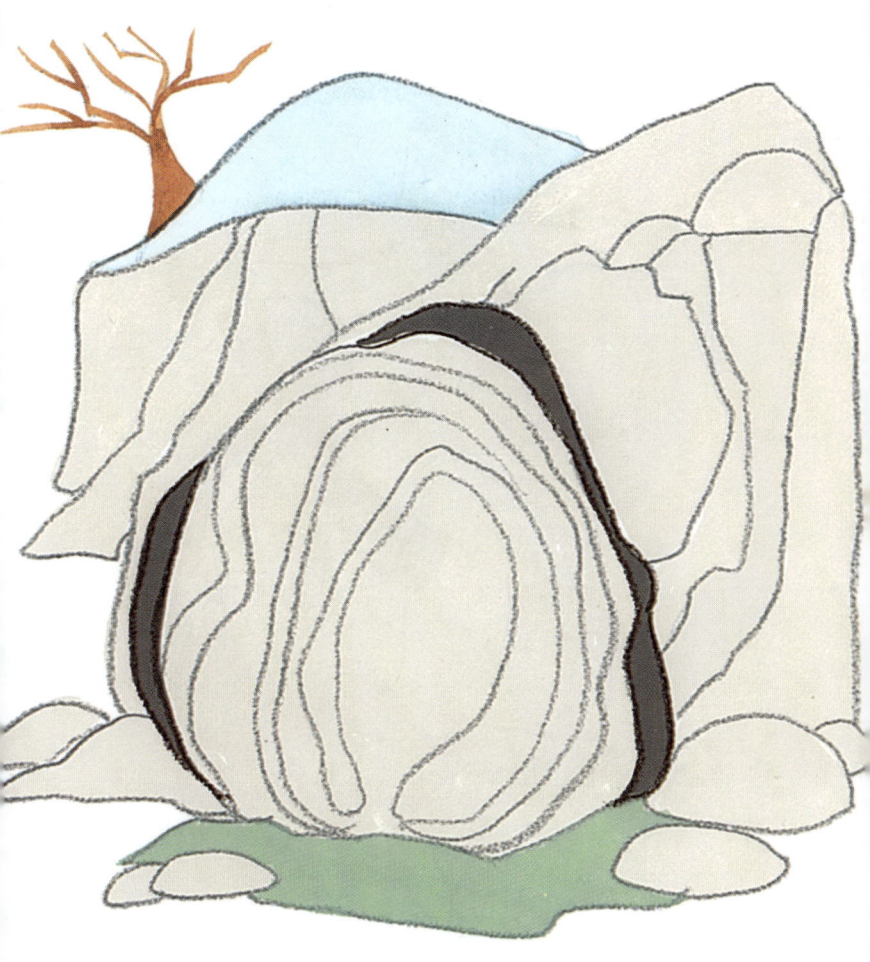

Mais regarde, Jésus arrive. Il arrive à la grotte où on a mis le corps de Lazare. Que va-t-il se passer maintenant ?

« Lazare ! Sors d'ici ! » crie Jésus.
Et Lazare sort du tombeau.
Il a retrouvé la vie.

Seul Jésus, le Fils de Dieu peut rendre la vie à un homme mort. Es-tu heureux de savoir que Jésus est ton ami ?

Dix hommes très malades

Ces dix hommes ont la lèpre. C'est une terrible maladie que l'on ne savait pas guérir. Ils sont couverts de bandages.

Pour éviter que d'autres personnes attrapent cette maladie, ils doivent vivre hors de la ville et personne n'ose les approcher.

Ils supplient Jésus de les aider. Jésus les envoie à la ville et en route ils sont guéris. L'un d'eux revient et dit : «Merci Jésus.»

Mais les neuf autres ne reviennent pas pour remercier. Et toi, dis-tu merci à Dieu pour tout ce qu'Il te donne ?

Jésus aime les enfants

Ecoute ! Tu entends ce que Jésus est en train de dire aux enfants qui l'entourent ?

«Laissez venir à moi les enfants, surtout ne leur interdisez pas de venir me voir» dit Jésus.

Alors tous les enfants viennent et entourent Jésus. Regarde ils sont très heureux, car Jésus les aime.

Toi aussi tu peux parler avec Jésus, même si tu ne le vois pas. Tu peux le faire chaque jour, car Il t'aime toi aussi.

Bartimée l'aveugle

Bartimée est un mendiant aveugle.
Toute la journée il crie : «Aidez-moi,
donnez-moi un peu d'argent.»

Quand les gens ont pitié de lui, ils lui donnent quelques petites pièces. «Merci, merci beaucoup» dit Bartimée.

Un jour Jésus passe le long du chemin
«Jésus aide-moi!» crie Bartimée. Jésu
s'approche et le guérit.

Maintenant Bartimée n'est plus aveugle. Il voit Jésus qui lui sourit. «Merci Jésus, merci» murmure-t-il.

Zachée

Cet homme de petite taille s'appelle Zachée. Jésus va venir dans sa ville et Zachée veut le voir.

Mais la foule est si grande qu'il ne peut pas. Les gens devant lui sont trop grands et ne veulent pas le laisser passer.

Regarde la bonne idée de Zachée.
Il est grimpé dans un arbre. Il voit
Jésus et Jésus aussi le voit.

«Descends!» dit Jésus : «Je veux loger chez toi ce soir.» Zachée est rempli de joie de pouvoir parler avec Jésus.

L'entrée à Jérusalem

Regarde qui est sur l'âne.
C'est Jésus. Il va entrer dans
Jérusalem, la capitale du pays.

Les gens crient : « Loué soit Dieu ! » Ils agitent des branches et mettent leurs habits sur la route que va empreinter Jésus.

Les gens chantent, et crient. Ils font cela car ils voudraient que Jésus devienne leur roi.

Mais Jésus est beaucoup plus important qu'un roi. Il est le roi du monde entier, car Il est le Fils de Dieu.

La petite pièce de la veuve

Une pauvre veuve est en en train de mettre deux petites pièces dans la boîte à offrande de la maison de Dieu.

Il y aussi des gens très riches qui viennent et mettent beaucoup d'argent. Beaucoup plus que la pauvre veuve.

Jésus dit à ses disciples : «Cette veuve a donné bien plus que tous les riches car elle a donné tout ce qu'elle avait.»

Comme la veuve, Jésus veut que nous lui donnions les choses les plus importantes de notre vie. Vas-tu le faire ?

Le dernier repas de Jésus

Regarde ce que fait Jésus ! Il est en train de distribuer des morceaux de pain à ses amis.

Ce repas n'est pas comme les autres.
C'est le dernier repas de Jésus avec
ses disciples.

Jésus dit: «Faites ceci pour vous souvenir de moi. Chaque fois que vous le ferez vous vous souviendrez de mon sacrifice pour vous.»

C'est ce que font les chrétiens.
Ils prennent du pain et du vin pour se souvenir du sacrifice de Jésus pour eux.

Jésus prie dans le jardin

«Attendez-moi ici,» dit Jésus à ses trois amis : «Je vais un peu plus loin pour prier.»

Jésus s'éloigne et, un peu plus loin,
s'agenouille pour prier.
Il prie longtemps, longtemps.

Il dit : «Père, aide-moi à faire ce que tu veux que je fasse.»

C'est une bonne prière. Nous aussi nous devons faire ce que Dieu veut et lui obéir.

Jésus meurt sur la croix

Les ennemis de Jésus vont clouer Jésus sur une grande croix de bois. Jésus ne leur a pourtant pas fait de mal.

Jésus meurt sur la croix. C'est pour cela qu'Il est venu sur la terre. Il accepte cette mort terrible car Il nous aime.

Jésus veut nous permettre de vivre dans le ciel avec Dieu. A cause de nos péchés ce n'est pas possible.

Alors, Jésus a été puni à notre place. Il a porté nos péchés et veut nous sauver. Il suffit de le lui demander. Vas-tu le faire ?

Jésus est ressuscité

Regarde, le tombeau de Jésus est ouvert, la pierre est roulée, et un ange se tient devant l'entrée.

L'ange dit aux femmes : «Jésus est ressuscité, Il est vivant. Venez voir l'endroit où son corps était étendu !»

Les femmes entrent dans le tombeau.
L'ange a dit vrai. Jésus n'est plus là :
Il est ressuscité de la mort.

Un autre ange leur dit : « Allez et annoncez partout cette Bonne Nouvelle. »
Les femmes se dépêchent d'obéir.

Jésus retourne au ciel

Jésus et ses disciples montent sur une colline. Elle s'appelle le Mont des Oliviers.

Jésus leur dit: «Le Saint-Esprit viendra bientôt. Quand Il sera là, vous irez annoncer la Bonne Nouvelle dans le monde entier.»

Après avoir dit ces mots, Jésus s'élève dans le ciel. Il retourne chez son Père.

Alors deux anges viennent leur parler :
« Jésus est parti au ciel. Il reviendra un jour de la même manière qu'Il est parti. »

Pentecôte

Chut ! Pas de bruit ! Les disciples de Jésus prient. Ils sont tous réunis dans une chambre sous le toit.

Regarde, il y a une petite flamme sur le tête de chaque personne. Ce feu ne les brûle pas. Que se passe-t-il donc ?

Les disciples eux le savent. Jésus leur a annoncé que le Saint-Esprit viendrait. Il va les aider dans leur mission.

Maintenant ils peuvent annoncer partout la Bonne Nouvelle de Jésus. C'est grâce au Saint-Esprit que ce sera possible.

Un éthiopien entend parler de Jésus

Regarde ce superbe char. L'homme qu[i] le conduit est le ministre des finances du royaume d'Ethiopie.

Cet homme lit la Parole de Dieu, mais ne la comprend pas bien. Il rencontre Philippe qui va l'aider à la comprendre.

Philippe explique à l'homme le message de la Bonne Nouvelle de Jésus. Alors cet homme décide de croire en Jésus.

Il devient lui aussi un disciple puis retourne en Ethiopie. Là il va parler à de nombreuses personnes de sa découverte.

Saul rencontre Jésus

Saul est un homme orgueilleux et fier. Il déteste les disciples de Jésus, et veut leur faire du mal.

Il est en route vers Damas, où il veut mettre en prison tous les disciples de Jésus qui y habitent.

Soudain il voit une grande lumière et entend une voix : «Je suis Jésus, arrête de faire du mal et deviens mon disciple.»

Saul comprend que Jésus est toujours vivant et qu'il est le Fils de Dieu. Maintenant il va se mettre à son service.

Barnabas, l'ami de Saul

Saul est devenu disciple de Jésus. Ses anciens amis veulent le tuer.
Il voudrait avoir un ami chrétien.

Mais les autres disciples de Jésus ont peur. Ils ne sont pas sûrs que Saul soit un vrai disciple.

Mais Barnabas fait confiance à Saul et devient son ami. Alors les autres disciples changent d'avis

Ils accueillent Saul parmi eux.
Ils vont l'aider à annoncer la Bonne
Nouvelle.

Dorcas est vivante

Dorcas est une femme extraordinaire. Elle est toujours dévouée et prête à aider les autres.

Tout le monde l'aime. Mais un jour Dorcas meurt. Ses amis sont remplis de tristesse.

«Il faut demander à Pierre de venir!»
disent ses amis: «Il va nous aider.»
Pierre entre dans la maison de Dorcas.

Pierre dit : «Dorcas, lève-toi !» Dorcas se lève, elle est vivante. Ses amis sont heureux de ce grand miracle.

Chanter en prison

Tu te souviens de Saul ? Tout le monde l'appelle Paul maintenant. Paul et son ami Silas ont été jetés en prison.

On veut les empêcher de parler. Alors ils chantent des cantiques. Même en prison ils louent Dieu.

Soudain un tremblement de terre fait tomber les murs de la prison. Paul et Silas pourraient s'enfuir.

Mais ils ne le font pas. Le gardien de la prison à son tour décide de devenir disciple de Jésus.

Paul et le roi

Paul est à nouveau en prison. Le roi et sa soeur ordonnent qu'on l'amène devant eux, pour lui poser des questions.

Le roi peut décider de faire tuer Paul, si Paul dit quelque chose qui ne lui plait pas. Paul va-t-il oser parler de Jésus ?

«Mon plus grand souhait serait que vous deveniez chrétiens,» dit Paul au roi. Le roi écoute sans se mettre en colère.

Paul n'a pas peur de parle de Jésus partout où il va. Il voudrait que chaque personne accepte Jésus dans son coeur. Et toi ?

Le naufrage

Le bateau est dans une grande tempête. Si le bateau coule, marins et passagers vont se noyer.

Paul est sur ce bateau. Il est en route pour Rome, où l'empereur doit le juger.

Le bateau cogne les rochers et coule.
Mais les hommes arrivent à nager
jusqu'au rivage et sont sauvés.

Dieu a pris soint d'eux. Dieu veut que Paul annonce la Bonne Nouvelle jusque dans le palais de l'empereur.

Un jeune homme nommé Timothée

Depuis qu'il est tout petit, la maman de Timothée lui apprend à aimer la Parole de Dieu.

Sa grand-mère aussi lui raconte les histoires de la Bible. Plus tard il aidera Paul à annoncer la Bonne Nouvelle.

Aujourd'hui aussi, ta famille t'aide à comprendre la Bible. Elle veut que tu découvres la joie d'être l'ami de Jésus.

Oui, Jésus voudrait être ton ami, tous les jours de ta vie. Il suffit de lui demander.